ExLibris

_____

ISBN 978-3-649-64612-9

© 2023 Coppenrath Verlag GmbH & Co. KG,
Hafenweg 30, 48155 Münster, Germany
Textsatz & grafische Gestaltung: Albert Bartel, www.echtwert.de
Redaktion: Katrin Gebhardt

www.coppenrath.de

Irmgard Partmann

Erinnerung ist Liebe, die bleibt

Kleine Lichtblicke
in Zeiten der Trauer

COPPENRATH

Wohin mit meinem Schmerz?

Mein Heilort

Wohin mit meinem Schmerz,
    meiner Verletzung,
    meiner Verzweiflung,
    meiner Trostlosigkeit?
Bleibe ich heillos zurück?
Was kann mich trösten?

In der Natur kann man allerlei
trostreiche, sinnliche Erfahrungen machen.
Trösten kann der Anblick einer schönen Pflanze,
    ein bestimmter Duft,
    ein vertrautes Geräusch,
ein Ort, der mit schönen Erinnerungen
verbunden ist.
Die Natur ist alles andere als trostlos.

Warum?

Die Natur kann etwas zutiefst Tröstliches haben.
Auf die Frage nach dem Warum
gibt dir der Wald
vielleicht keine Antwort.
Aber für eine Weile
vergisst du dort all deine Fragen.

Stille

Dem Verstorbenen nahe sein
in der unberührten Natur,
stille Zwiesprache haltend,
über Erlebtes und Versäumtes sprechend,
neue Kräfte sammeln und spüren,
dass sich Wunden schließen können.

Schweigen

Im Schweigen der Natur
liegt ein großer Trost.
Alles, was man tun muss,
ist still zu sein und zu lauschen,
um die Sprache zu verstehen.

Am Ufer des Sees

Einfach nur dasitzen.
Der Wind streichelt dein Haar,
die Sonne deine Haut.
Es fühlt sich gut an, fast so gut
wie eine mütterliche Umarmung,
ein liebevolles Schulterklopfen des Vaters
oder das tröstende Wort eines Freundes.

Mit allen Sinnen

Die Sonnenstrahlen auf der Haut spüren,
sich ganz sanft vom Wind berühren lassen,
eins sein mit der Natur.
So findet die Seele Ruh.

Stille erleben

Ruhe spüren in einer Welt der Stille.
Eine Welt aus weichem Waldboden,
efeuumrankten Bäumen,
herabgefallenen Kiefernadeln,
Pilzen mit weißen und braunen Hütchen.
Eine Welt, in der man allein sein darf,
eine Welt, in der man weinen darf,
eine Welt zum Innehalten und zum Krafttanken.

Balsam für die Seele

Eine Parkbank, um auszuruhen,
dem Gesang der Vögel zu lauschen,
die Schönheit der Farben zu genießen,
Gerüche einzuatmen,
all das bietet uns die Natur,
ohne etwas dafür einzufordern.
Sie hat etwas Beschützendes, Tröstliches.

Kraft schöpfen

Alleine unterwegs

Endlose Wälder und Einsamkeit.
Zunächst fühlt es sich an
wie eine Reise ohne Gasthaus.
Wenn du aber deine Sinne öffnest
und nach innen schaust,
spürst du vielleicht,
dass es auch in dir zur Einkehr
kommen kann.

Quellen

Die Natur hat so viele Kraftquellen zu bieten,
aus denen wir unermüdlich schöpfen können.
Hier finden wir Harmonie, Zuversicht,
Hoffnung, inneren Frieden und Trost
und mitunter auch zu uns selbst.

Nur Mut

Manchmal braucht man Mut.
Mut zur Stille,
um Herz, Seele und Geist
wieder in Einklang zu bringen.

Am Meer

Den Sand unter den Füßen spüren,
Wellenrauschen als Lieblingsgeräusch,
und die liebste Farbe ist ein Sonnenuntergang am Meer.
Salzige Meeresluft tief einatmen und spüren,
dass Trauer so viel mehr sein kann als nur Schmerz.

Stürmische See

Die Urgewalt nimmt mich gefangen.
Aufschäumende Gischt.

Sehnsucht erwacht
nach einem ruhigen Hafen,
um dort vor Anker zu liegen.

Warten, dass sich die See beruhigt,
um die Segel neu zu setzen
und vielleicht auch die Richtung zu ändern.

Leben

Noch kannst du nicht glauben,
dass in allem Leid
auch immer positive Emotionen verborgen sind,
die dir neue Perspektiven erschließen
und helfen können,
über den eigenen Schatten zu springen
und dein neues Leben
aus einem anderen Blickwinkel zu betrachten
und dankbar anzunehmen.

Vielleicht

Vielleicht wird

das Leben irgendwann

wieder leichter,

viel leichter…

Vielleicht…

Lichtblicke

Dankbares Erinnern

Manchmal tut es gut,
seinen Tränen freien Lauf zu lassen.
In der Natur ist das möglich.
Vielleicht wandeln sich deine Tränen
irgendwann in tiefe Dankbarkeit,
dass es diesen Menschen gab.

Wandel

So wie sich in der Natur alles wandeln kann,
kann sich auch Trauer wandeln
in liebevolles Erinnern.

Lauf der Natur

Die Natur selbst und ihr immer wiederkehrender Rhythmus
des Kommens und Gehens wirken tröstlich,
denn wir wissen, dass wir selbst ein Teil dieser Natur sind.
Dieses Wissen kann uns Zuversicht schenken,
dass auf dunkle Tage irgendwann wieder helle folgen.

Hoffnungsschimmer

Hinter einer dunklen Wolkenwand
verbirgt sich ein Sonnenstrahl,
der dich mit einem wärmenden Mantel umhüllt,
der Hoffnung in dein Herz bringt
und dir zeigt, wie viel Leben
noch vor dir liegt.

Lichtblick

Durch die buntgefärbten Blätter hindurch
das goldene Licht der Sonne spüren,
einen schönen Moment erleben,
der dein Herz erwärmt
und dir neue Hoffnung schenkt,
das wünsche ich dir.

Im Kleinen
und im Großen

Das Auge weidet sich am Grün der Natur,
verliert sich am fernen Horizont.
Man kann in vielen kleinen Dingen Trost finden:
Libellen, Käfer, Blumen, bunte Blätter.
Trost finden kann man auch in großen Dingen:
im Blätterdach des Waldes
      und im weiten Himmel über uns.

Magie

Der Natur nahe sein.
Sie erleben mit allen Sinnen.
Die Magie spüren.
Die Zeit vergessen.
Hoch aufragende Bäume
verneigen sich vor dir.
Fast feierlich grüßen sie dich.
Vogelgezwitscher im Blätterdach.
Die Sonne durchbricht die Baumkrone.
Wie herzerwärmend das sein kann.

Lebenswichtig

Atmen.

Einatmen.

Ausatmen.

Ankommen.

Zu sich kommen.

Aufatmen.

Es geht

Entdeckungsreise

Im Garten der Trauer
wachsen im Verborgenen
kleine Blumen der Hoffnung,
die auf ihren Entdecker warten.
Mach dich auf den Weg!

Frühlingsahnen

Unter winterweiß bedecktem Boden
ruht im Dunkel der Trauer
in scheinbarem Stillstand
die Hoffnung auf einen Neubeginn.
Noch ist alles starr.
Doch es naht ein Frühlingsahnen.
Bald wachsen zarte Knospen der Zuversicht,
und Blüten finden den Weg ans Licht.

Der Weg

Winzig kleine Schritte,
kleiner und noch kleiner,
unsicher, tastend
setze ich einen Fuß
vor den anderen.
Ein Blick zurück,
aber nur um zu sehen,
wie weit ich schon gekommen bin.
Ich merke, ich gehe.
        Gehe immer weiter.
           Merke, es geht.

Steine auf dem Weg

Manchmal wirft dir das Leben
schwere Felsbrocken vor die Füße,
zu groß, um sie zu überwinden,
zu schwer, um sie wegzurollen.
Aber dann sind da Menschen,
Menschen, die dir helfen,
die dich tragen,
die dir Mut machen,
die den Fels kleiner hacken,
zusammen mit dir,
Stück für Stück
in kleine Brocken.
Und am Ende,
ganz am Ende
steckst du dir
einen kleinen Stein
in die Tasche
als Erinnerung.

Barfuß

Das Nachgeben des Waldwegs unter den Füßen spüren,
den harzigen Duft von Tannen riechen,
den Ruf des Kuckucks in der Ferne wahrnehmen,
mit allen Sinnen ganz bei sich selbst sein,
nach innen schauen und
zuversichtliche gute Gedanken denken.

Wandern

Du wanderst,
nicht, um es zum Gipfel zu schaffen,
du wanderst,
nicht, um jemanden zu treffen.
Du wanderst,
um zu wandern,
und mit jedem Meter
entrückst du deinem Alltag
ein Stück weit und
lässt den Kummer
im Tal zurück.

Klare Sicht

Manchmal tut es gut, auf einen Gipfel zu steigen.
Von oben sieht man alles klar
und gleichzeitig auch weit weg.
Auch die Sorgen.

Draußen in der Natur

Bäume wiegen sich im Wind.
Blätter flüstern hören,
sich ins Gras legen,
auf dem Rücken liegend,
in den Himmel schauen und spüren,
wie Zeit und Trauer sich auflösen
in der Hoffnung.

Begegnung

Die Natur ist mein
Zufluchtsort und mein Zuhause.
Ich hatte mich verloren
in der Hoffnungslosigkeit.
Nun bin ich mir wieder
ein Stück weit begegnet.

Mein Lieblingsbaum

Schützend breitet er seine knorrigen Äste über mir aus.
Die grüne Krone bewegt sich sanft im Wind hin und her.
Die Brise spielt mit den Blättern im Wipfel.
Ich fühle mich auf sonderbare Weise geborgen
und staune, dass der Baum durch sein reines Sein
im Stande ist, mir Trost zu spenden.

Stark wie ein Baum

Der Baum, der jedem Sturm trotzt.
Sein Wurzelwerk gibt ihm Halt.
Auch ich suche Halt.
Umarme den Baum
so lange, bis ich wieder
Halt in mir selber finde.

Hoffnung

Die Augen schließen.

Leben spüren.

Liebe spüren.

Hoffnung spüren.

Spüren, dass selbst der Tod

nicht das letzte Wort hat.

Du bist bei mir

In den tränenglitzernden Schneekristallen am Winterast,
in der ersten Knospe, die ich im Frühling sehe,
in den Tautropfen auf den Gräsern am Morgen,
in den Sternen am Himmel bei Nacht,
im Lichte des hoffnungsschimmernden Mondes –
du bist bei mir,
wann immer ich es will.
Du bist die Kraft in meinem Leben.
Ich halte dich fest.
Halte dich im Herzen lebendig.
Du bist immer bei mir.

Ja
zum Leben

Über den Tod hinaus

Der Kreislauf der Natur zeigt uns,
dass das Leben immer weitergeht.
Es ist ein Kommen und Gehen.
Das macht Mut, weiterzuleben,
vor allem aber auch weiter zu lieben,
auch über den Tod hinaus.

Was bleibt, ist die Liebe

Ein lieber Mensch, der nicht mehr ist,
gab dir so unendlich viel.
Nichts ist verloren.
Die Zeichen seiner Liebe
sind wie Blumensamen,
die nun überall Wurzeln schlagen
und deren bunte Farben
dein Herz zum Leuchten bringen.

Heilquelle

Leise ist es zu hören,
das Plätschern des Bachlaufs.
Wie beruhigend es wirkt.
Möge deine Trauer nicht Qual,
sondern Quelle werden
für alles, was heilsam ist und dir guttut,
um dem Leben eine neue Chance zu geben.

Ja zum Leben

Ich wünsche dir den Mut,
loszulassen und das neue Leben
mit einem hoffnungsvollen Ja zu begrüßen.

Glücksmomente

Auch in Zeiten der Trauer
den Wert des Augenblicks zu erkennen
und diesen dankbar anzunehmen und auszukosten,
sich auf das Gute im Leben zu besinnen und
das uns geschenkte Leben offen zu umarmen,
das wünsche ich dir von ganzem Herzen.